BALDINI,

OU

ÉPISODE D'UN VOYAGE

EN ITALIE,

DRAME EN TROIS ACTES ET EN PROSE,

COMPOSÉ A L'OCCASION DE LA FÊTE DE M. DEMEURÉ, DIRECTEUR DU
COLLÉGE DE PONT-LEVOY,

PAR M. ROY, PROFESSEUR,

Et joué par MM. les Élèves,

SUIVI D'UN DIVERTISSEMENT-BALLET, COMPOSÉ PAR M. GARNIER,
MAÎTRE DE DANSE, ET EXÉCUTÉ PAR LES ÉLÈVES,

PONT-LEVOY,

CHEZ LE CONCIERGE DE L'ÉCOLE.

BLOIS,

CHEZ GIROUD, LIBRAIRE, GRANDE-RUE, N° 35.

1835.

BALDINI,

OU

ÉPISODE D'UN VOYAGE

EN ITALIE,

DRAME EN TROIS ACTES ET EN PROSE,

COMPOSÉ A L'OCCASION DE LA FÊTE DE M. DEMEURÉ, DIRECTEUR DU
COLLÉGE DE PONT-LEVOY,

PAR M. ROY, PROFESSEUR,

ET JOUÉ PAR MM. LES ÉLÈVES.

PONT-LEVOY,

CHEZ LE CONCIERGE DE L'ÉCOLE.

BLOIS,

CHEZ GIROUD, LIBRAIRE, GRANDE-RUE, N° 35.

—————

1835.

PERSONNAGES.

BALDINI, chef de brigands. . . . . . M. Cooke.

SAINT-LÉON (le comte de). . . . . . M. de Galembert.

ÉDOUARD ⎫ jeunes artistes français, M. Desplaces.

CHARLES ⎭ amis du comte. . . . . M. Dousseau.

DUMONT, ancien domestique de la
famille de Saint - Léon. M. d'Haranguier.

ISAAC-JACOBO MADELCHINI, es-
pion de Baldini. . . . . M. de Montenon.

ANTONI, guide. . . . . M. Péan.

SACRIPANTI, lieutenant de Baldini. . M. Guillier.

FERRATO, voleur. . . . . M. de Saint-Luc.

BARBARINO, voleur. . . . . M.

Troupe de voleurs.

La scène est en Italie, dans les Apennins.

BALDINI,

OU
ÉPISODE D'UN VOYAGE
EN ITALIE.

ACTE PREMIER.

Le théâtre représente une forêt qui se trouve à mi-côte d'une montagne.

SCÈNE PREMIÈRE.

SAINT-LÉON, ÉDOUARD, CHARLES.

CHARLES, à Saint-Léon et à Édouard, dans la coulisse.

Arrivez, messieurs, arrivez; voici un endroit délicieux pour vous reposer un instant.

SAINT-LÉON en entrant et s'essuyant le front avec son mouchoir.

Ouf!... je n'en puis plus... je suis rendu... Ah! pour cette fois, messieurs, je vous le déclare je ne vais pas plus loin.

ÉDOUARD.

Comment, Saint-Léon, tu manques déjà de courage? Encore dix minutes, et nous serons arrivés au fameux rocher de *Bella-Vista.*

SAINT-LÉON.

Mon cher Edouard, voilà plus de deux heures que tu me répètes la même chose, et nous n'avons cessé dès le matin de gravir, gravir toujours,.... En vérité, je crois les Apennins encore plus haut que les Alpes.

ÉDOUARD.

Tu as peut-être raison, et si tu publies la relation de notre voyage en Italie, je te conseille d'y consigner cette observation : personne du moins ne pourra dire que ton ouvrage ne renferme pas quelque chose de neuf.

SAINT-LÉON.

Trève de plaisanterie. Le fait est que je suis hors d'état d'aller plus loin ; sans compter que l'air est si vif sur ces montagnes qu'il me donne un appétit, oh! mais un appétit…. En attendant que Dumont et Antoni apportent les provisions, je vais m'asseoir sur ce tronc d'arbre.   (Il s'assied.)

ÉDOUARD.

Quoi! tu voudrais déjà dîner? Il n'y a qu'un instant que nous avons déjeûné… Vois Charles, il est bien plus faible que toi, et il a dix fois plus de courage.

CHARLES.

Ah! c'est que je n'ai pas été comme lui gâté par la fortune, et ma vie ne s'est pas écoulée jusqu'ici dans les plaisirs et la mollesse… Mais je dois rendre justice à notre ami… Toi, Édouard, tu accuses Saint-Léon de manquer de courage, et moi je soutiens qu'il lui en a fallu beaucoup, mais beaucoup, pour le décider à quitter Paris et toutes les jouissances que donne le luxe, et à entreprendre le voyage d'Italie avec deux artistes, et à leur manière. Comptes-tu pour rien les privations continuelles qu'il éprouve? Lui qui ne voyageait que balancé dans une bonne voiture, qui ne couchait que sur le duvet et l'édredon, qui se nourrissait des mets les plus délicats, le voilà maintenant obligé d'aller tantôt à pied, tantôt monté sur quelque mauvaise rosse de louage, de coucher dans des auberges détestables, de se contenter de la nourriture la plus grossière….

ÉDOUARD interrompant.

Mais ne comptes-tu pour rien, toi, ces jouissances nouvelles qu'il goûte depuis qu'il est avec nous? Regarde comme sa santé est redevenue florissante, comme cette pâleur qui couvrait ses joues a fait place au plus brillant coloris… Et cet appétit dont il parlait tout à l'heure, et qui lui fait trouver nos repas délicieux, il ne se rappelle pas en avoir eu de semblable, excepté peut-être quand il était avec nous au collége, car tu dois te souvenir que dans ce temps-là c'était un camarade de bon appétit.

SAINT-LÉON se levant.

Tu as raison, Édouard; depuis que j'ai quitté le collége, je n'ai jamais été aussi heureux qu'à présent, et c'est à vous, mes bons amis, que je dois ce bonheur; c'est à vous que je dois la santé et peut-être la vie. Ne croyez pas que je regrette un seul instant ces jouissances du luxe qui avaient énervé mes forces et ruiné ma santé. Je n'ai jamais apprécié qu'aujourd'hui tout leur danger; la seule chose que je regrette, c'est que ma bonne mère ne me voie pas maintenant si frais, si bien portant... Cette pauvre mère!... Combien son cœur était déchiré quand je me suis séparé d'elle!... et moi-même, malgré le plaisir que je me promettais avec vous dans votre pélerinage d'artistes, jamais je n'aurais eu la force de la quitter, sans l'arrêt prononcé par la faculté qui me condamnait à voyager ou à mourir.

CHARLES.

Nous reconnaissons bien là ton cœur, cher Saint-Léon, et nous savons à quel point tu aimes ta mère.

SAINT-LÉON.

Et comment n'aimerais-je pas une mère si bonne, qui, dès ma plus tendre enfance, n'a cessé de me prodiguer toutes les marques de la plus vive tendresse !

ÉDOUARD.

Mais quelquefois cette tendresse est aveugle. Si nous eussions voulu croire madame de Saint-Léon, nous n'aurions voyagé qu'en poste avec un courrier en avant, deux ou trois laquais, un fourgon, que sais-je?.... Le beau plaisir vraiment que de courir ventre à terre, de voir fuir à droite et à gauche des arbres et des maisons, d'arriver dans de grandes villes, de loger dans d'immenses hôtels... Autant ne pas quitter Paris et faire de temps en temps une promenade sur les boulevards ou au bois de Boulogne.

SAINT-LÉON.

Aussi me suis-je opposé de toutes mes forces à ce projet, et ce n'est même qu'avec peine que je me suis décidé à emmener Dumont avec nous.

ÉDOUARD.

Encore aurais-tu bien fait de le laisser à Paris. Ce n'est pas qu'il ne nous amuse quelquefois avec son air d'importance et ses prétentions d'auteur dramatique; mais, mon ami, un laquais pour des artistes en voyage (car tu n'oublies pas que tu es artiste avec nous et comme nous), c'est un luxe qui ne s'est jamais vu.

SAINT-LÉON.

Que voulez-vous? je n'ai pas osé contrarier ma mère à ce sujet. D'ailleurs, Dumont n'est point un domestique comme un autre. Il a servi mon père jusqu'à sa mort en qualité de valet-de-chambre, et dès-lors il est resté dans la maison, sans fonctions déterminées, plutôt comme homme de confiance que comme domestique. C'est ce loisir qui a développé en lui le goût du théâtre, et la manie de vouloir jouer et composer des pièces dramatiques.

CHARLES.

Pour moi, j'aime beaucoup Dumont parce qu'il a pour Saint-Léon un attachement, un dévouement qu'on trouve rarement aujourd'hui dans les domestiques de grande maison.

ÉDOUARD.

Je suis loin d'accuser son cœur qui est excellent, mais tu me permettras de rire quelquefois des travers de son esprit qui sont fort amusants, et ce n'est pas d'aujourd'hui qu'il excite notre gaieté; vous vous rappelez, messieurs, cette fête de madame de Saint-Léon pour laquelle Dumont avait fait une pièce qu'il vint nous lire au collége?

SAINT-LÉON.

Oui, et qui se terminait par un incendie si bien représenté que l'hôtel faillit être brûlé... Mais, à propos, vous savez, mes amis, que c'est aujourd'hui la fête de cette bonne mère, et que vous m'avez promis de m'aider à la célébrer.

CHARLES.

Et nous sommes prêts à accomplir notre promesse. Mais quel lieu choisirons-nous pour cette cérémonie ; sera-ce ici, ou sur le rocher de Bella-Vista?

SAINT-LÉON.

Je ne tiens pas au lieu ; mais je tiens beaucoup à l'heure, et je vais vous en dire la raison. En quittant Paris, je suis convenu avec ma sœur qu'aujourd'hui, une demi-heure avant le coucher du soleil, elle souhaiterait la fête à notre mère, et que moi, à la même heure, partout où je me trouverais, dans un lieu habité ou dans un désert, dans un château ou dans une cabane, en prison même, je célébrerais du mieux qu'il me serait possible ce jour qui sera toujours le plus beau de ma vie, cette fête qui sera toujours la plus chère à mon cœur.

ÉDOUARD.

Tu es ingénieux dans l'expression de ta tendresse filiale, et dans cette occasion loin de te contrarier, comme cela m'arrive quelquefois, tu peux compter que je te seconderai de tous mes efforts...

CHARLES.

Que ton idée me plaît!... A l'instant même où ta mère recevra les hommages de sa fille, son fils fera retentir les échos des Apennins par des accents qu'auront inspirés les mêmes sentiments!

ÉDOUARD.

Nous avons bien le temps de nous rendre au rocher de Bella-Vista avant l'heure convenue ; cependant je ne serais pas fâché d'y arriver avant que la matinée fût trop avancée, car plus tard les objets trop éclairés ne ressortiraient pas aussi bien, et nous manquerions les plus beaux effets de lumières... Mais notre guide et Dumont sont bien en retard. (Il s'approche de l'endroit par où ils sont entrés. Après avoir regardé:) Ah! enfin je les aperçois; ils seront bientôt ici. (Après avoir examiné avec plus d'attention.) Tiens, Dumont ne s'est-il pas avisé de mettre sa livrée!

SAINT-LÉON s'approchant.

Comment, moi qui le lui ai expressément défendu!

ÉDOUARD.

Il ne manquait plus que cette mascarade pour nous faire passer pour de grands seigneurs en voyage.

SCÈNE II.

LES PRÉCÉDENTS, ANTONI, DUMONT.

ANTONI ÉT DUMONT entrent chargés de plusieurs paquets.

SAINT-LÉON.

Nous vous attendons avec impatience, tu sais bien, Antoni, que tu nous as dit toi-même qu'il nous serait impossible d'aller plus loin sans guide.

CHARLES.

Tu vois bien que, chargés comme ils sont, ils ne pouvaient marcher aussi vîte que nous.

DUMONT déposant ses paquets.

Ah! quel maudit pays! quel maudit pays!... Non, je ne conçois pas qu'on trouve du plaisir à voyager dans des chemins aussi affreux.

ÉDOUARD.

Il paraît que M. Dumont est de mauvaise humeur.

SAINT-LÉON.

Je lui pardonne sa mauvaise humeur, car moi-même je ressens aussi les effets de la fatigue; mais ce que je ne lui pardonne pas, c'est sa désobéissance formelle à mes ordres les plus positifs.

DUMONT, s'approchant respectueusement.

Comment, monsieur, en quoi vous ai-je désobéi?

SAINT-LÉON.

Ne t'ai-je pas expressément défendu de prendre

cette livrée que tu as emportée de Paris sans m'en pré-
venir?

DUMONT.

Cela est vrai ; mais quand vous connaîtrez le motif
qui m'a déterminé à enfreindre cette défense, j'espère
que vous ne me blâmerez pas.

SAINT-LÉON.

Et quel est-il donc ce motif?

DUMONT.

Monsieur sait bien que c'est aujourd'hui la fête de
madame de Saint-Léon puisqu'il se propose, dans ce
pays sauvage, à trois cents lieues d'elle, de la célébrer;
et moi, qui chaque année avais aussi l'honneur de lui
présenter mes hommages en ce jour, j'aurais cru manquer à mon devoir si je n'avais pas au moins, ne pou-
vant faire mieux, revêtu cet habit qui m'a toujours
servi en pareille occasion.

CHARLES.

En considération d'un pareil motif, tu dois aisé-
ment lui pardonner.

SAINT-LÉON.

Dès l'instant qu'il s'agit de ma mère, je n'ai plus la
force de lui adresser aucun reproche.

CHARLES.

Sans compter que cela n'est pas aussi dangereux que sa
pièce à incendie qui a failli brûler l'hôtel Saint-Léon.

EDOUARD.

Sans doute; mais cela nous expose à un autre danger
encore plus grave; car si par hasard les brigands dont
voulait nous effrayer Antoni, aperçoivent cette livrée,
ils ne nous prendront pas pour des artistes, et nous
serons arrêtés.

ANTONI.

Oh ! messieurs, ne plaisantez pas sur ces brigands...
Le fameux Baldini est terrible, et son nom seul fait
trembler tous les habitants de ces contrées. Si vous
aviez voulu me croire, au lieu de vous écarter de la

route pour visiter le Bella-Vista, vous seriez déjà hors des gorges des Apennins, et dans la plaine vous n'auriez plus de danger à craindre.

DUMONT.

M. Jacobo, avec qui j'ai déjeûné ce matin, m'a assuré que Baldini ne venait jamais dans ces cantons.

ÉDOUARD,

Votre M. Jacobo ne serait pas pour moi une bonne caution. Avec ses grands compliments, et ses saluts jusqu'à terre, je le crois un véritable hypocrite.

SAINT-LÉON.

C'est peut-être juger un peu témérairement un homme que nous n'avons vû que quelques instants.

CHARLES.

Et moi, je suis de l'avis d'Edouard. Je n'aime pas qu'un homme vante sans cesse sa bravoure ou sa probité ; ce n'est ordinairement qu'un lâche ou un fripon.

SAINT-LÉON.

Laissons là M. Jacobo qui nous intéresse fort peu, et dont le témoignage n'est pas, si vous le voulez, d'un grand poids ; mais plusieurs autres personnes m'ont assuré qu'on n'avait jamais vu la troupe de Baldini dans cette partie des Apennins.

ANTONI.

Oh ! messieurs, ne vous y fiez pas... Sait-on jamais où il va ? Aujourd'hui ici, demain là... Dernièrement il a arrêté un gros milord anglais qu'il a retenu quinze jours prisonnier, jusqu'à ce qu'il ait touché une grosse somme qu'il a envoyé chercher à Rome par un de ses gens, et pendant ce temps-là, il n'a nourri le pauvre anglais qu'avec des noix, de l'eau et du pain noir.

ÉDOUARD, riant.

Ah ! ah ! ce régime là a dû faire maigrir un peu sa Seigneurie.

ANTONI.

Oh ! messieurs, je vais vous conter encore une histoire....

CHARLES.

Assez, assez.... Si les brigands en veulent à notre vie, nous sommes Français, nous ne craignons pas le danger.

ÉDOUARD.

Et s'ils en veulent à notre bourse, nous sommes artistes, nous ne craignons pas les voleurs.

CHARLES.

Mais nous perdons le temps à causer, et nous devrions déjà être partis.

ÉDOUARD.

Tu as raison. Et toi Saint-Léon, décidément viens-tu avec nous ?

SAINT-LÉON.

Je vous le répète, je me sens trop fatigué ; j'ai besoin de prendre quelques rafraîchissements ; je resterai ici avec Dumont, et vous enverrez Antoni me chercher.

CHARLES.

Ne le tourmente pas davantage. Allons, Antoni, si tu es prêt, partons.

ANTONI.

Quand vous voudrez, messieurs.... (Il se dirige vers le fond du théâtre.) Par ici, par ici.

(Édouard et Charles le suivent.)

SCÈNE III.

SAINT-LÉON, DUMONT.

SAINT-LÉON.

Cherche un peu, Dumont, dans le sac de provisions si tu ne trouverais pas quelque chose à me donner pour me rafraîchir.

DUMONT (après avoir tiré du sac une bouteille de vin, un pain et un morceau de viande froide.) ,

Voilà tout ce que j'ai à offrir à M. le comte.

SAINT-LÉON.

Encore une désobéissance, Dumont. Je t'ai défendu de me donner ce titre pendant tout notre voyage.

DUMONT.

Permettez, monsieur ; vous m'avez défendu de vous appeler M. le comte devant vos amis, MM. Charles et Édouard, sans doute pour ne pas les mortifier, mais puisqu'ils sont absents, je n'ai pas cru commettre une faute en vous adressant la parole comme j'ai l'habitude de le faire depuis tant d'années.

SAINT-LÉON.

Non, ce n'est point dans la crainte de mortifier Charles et Édouard que je t'ai défendu de m'appeler M. le comte, mais plutôt parce que ce serait me donner à moi-même un ridicule devant d'anciens amis, qui, s'ils n'ont pas de titres de noblesse, l'emportent sur moi sous bien d'autres rapports.

DUMONT.

Monsieur est trop modeste.

SAINT-LÉON.

Et M. Dumont trop flatteur.

DUMONT.

Non, monsieur, non je ne suis pas flatteur ; mais enfin quand on a été comme moi vingt-cinq ans au service d'une grande maison, on connaît un peu les convenances, et je vous avoue que je trouve inconcevable que vous, M. le comte de Saint-Léon, un des jeunes gens les plus distingués de la capitale, vous ayez abandonné la société des personnes de votre condition, pour courir le monde avec des gens d'un rang si inférieur, et qui n'ont pour moyen d'existence que leurs instruments ou leurs crayons.

SAINT-LÉON.

Savez-vous, M. Dumont, que vous parlez de mes amis, et que la familiarité que vous donnent avec moi la confiance de ma mère et vos anciens services. ne doit pas aller jusqu'à parler de ces messieurs avec ce ton de mépris que vous venez de prendre.

DUMONT.

Pardon, monsieur, pardon. Je n'ai pas eu intention

de fâcher Monsieur, ni de dire le moindre mal de MM. Charles et Édouard. Personne mieux que moi ne rend justice à ces deux jeunes gens, qui sont gais, aimables et qui ont l'honneur d'être vos amis.

SAINT-LÉON.

Dis donc que ce sont des amis parfaits. Peut-on trouver un caractère plus gai, plus franc, plus dévoué qu'Édouard ?

DUMONT.

J'en conviens ; seulement il est trop railleur, et je le soupçonne entre nous d'être un peu....

SAINT-LÉON, interrompant.

Quoi ? quel soupçon, aurais-tu contre Édouard ?

DUMONT, d'un air mystérieux.

Je le soupçonne d'être un peu..... classique.

SAINT-LÉON.

Ah ! ah !...... J'y suis, c'est que quelquefois Édouard se permet des plaisanteries sur les compositions dramatiques de M. Dumont..... Et Charles, peut-on voir un plus noble caractère, des sentiments plus élevés, une âme plus pure, plus candide, empreinte d'une légère teinte de mélancolie qui s'allie à une douce gaieté ?

DUMONT.

— Oh ! pour M. Charles, je l'ai jugé depuis long-temps ; il n'y a rien à dire sur lui.... Il a une belle figure romantique.

SAINT-LÉON.

Et ces qualités, relevées, embellies chez tous les deux par les talents les plus distingués, par les connaissances les plus variées, par cet amour des beaux-arts qui échauffe et éclaire le génie et porte le cœur à la vertu. Aurais-je trouvé à Paris, dis-le moi, parmi les jeunes gens que tu appelles de mon rang, deux amis pareils ? Que sont la plupart de nos jeunes gens à la mode ? des cœurs froids, égoïstes, corrompus, recouverts d'un vernis de politesse, et cachant leur nullité sous un jargon qu'on est convenu d'appeler le langage de bon ton.

DUMONT.

Tout cela est assez vrai, mais monsieur m'avouera
que depuis quatre mois que nous avons quitté Paris,
nous menons une vie bien rude et bien fatigante.

SAINT-LÉON.

Je t'entends..... M. Dumont regrette Paris, ses connaissances, son théâtre bourgeois où il joue lui-même
ou fait jouer de temps en temps ses pièces.

DUMONT.

Et quand cela serait, monsieur, aurais-je si grand
tort? Si vos médecins vous eussent ordonné un voyage
aux eaux du Mont-d'Or ou de Bagnères, qui sont le
rendez-vous ordinaire de la bonne société, à la bonne
heure; si du moins nous eussions voyagé dans un équi-
page convenable à votre rang, encore passe; mais gravir
des montagnes escarpées, marcher sur le bord des pré-
cipices, nous exposer vingt fois à nous rompre le cou,
et tout cela pour jouir d'un beau point de vue, voir
tomber une cascade, visiter quelque grotte ou se promener sur un glacier....

SAINT-LÉON.

Comment, Dumont, toi qui te mêles de littérature
dramatique, je t'aurais cru plus amateur des beautés de
la nature. Un site romantique, le souffle de la brise, la
chute du torrent qui mugit dans le lointain, le bruit
plus doux et plus rapproché de la cascade, élèvent
l'âme du poète, du peintre, du musicien, de l'artiste
en un mot, et lui donnent des inspirations inconnues,
ravissantes, sublimes.

DUMONT.

Ah! monsieur, voilà bien comme vous et M. Charles
vous m'avez toujours séduit par vos belles paroles.
Quoi! rien qu'en vous entendant parler de vos sites
romantiques, de vos cascades, j'étais enchanté, ravi;
mais quand j'ai vu tout cela de près, eh bien! je ne
sais pas pourquoi cela n'a produit sur moi aucun effet.
Il est vrai que vous ne me parliez pas des avalanches
qui ont failli nous engloutir, ni des abîmes où nous

avons manqué d'être précipités, ni des voleurs dont on nous menace à chaque instant. Pour moi, monsieur, j'ai rarement quitté Paris, et dans un voyage, ce qui me plaît le plus c'est d'être de retour.

SAINT-LÉON.

Je le conçois très-bien ; en ce cas, console-toi, dans cinq à six mois au plus ; nous serons à Paris.

DUMONT.

Cinq à six mois !.... (à part. Quelle consolation !...) Eh ! mon Dieu, monsieur, que comptez-vous faire pendant tout ce temps-là ?

SAINT-LÉON.

Nous nous arrêterons à Rome un mois ou deux ; de là nous irons visiter Naples, le Vésuve, la Sicile, l'Etna.

DUMONT.

Des montagnes ! toujours des montagnes ! Monsieur veut-il me permettre de lui dire là-dessus ma façon de penser ?

SAINT-LÉON.

Sur les montagnes ?... Parle, je te le permets sans difficulté.

DUMONT.

Eh bien, monsieur, je vous dirai franchement, dussiez-vous vous moquer de moi, que je préfère aux Alpes, aux Apennins, au Vésuve et à l'Etna, je préfère, dis-je, la montagne Sainte-Geneviève, Montmartre ou le mont Valérien. Au moins celles-ci sont des montagnes civilisées, honnêtes, qui jouissent d'une bonne réputation, tandis que les autres sont des monts sauvages, inhospitaliers, dangereux pour la bourse et pour la santé. Et en revenant, visiterons-nous encore des montagnes ?

SAINT-LÉON.

Non. Nous nous embarquerons à Messine, et nous reviendrons en France par mer.

DUMONT.

Par mer ! ah ! monsieur, vous m'effrayez ; par mer !...

Que vais-je devenir, moi qui n'ai jamais. mis le pied
dans un bateau sur la Seine sans trembler, et qui ai eu
le mal de mer pendant trois jours, rien que pour être
allé de Paris à Saint-Cloud dans le bateau à vapeur.

SAINT-LÉON.

Ce sera l'affaire d'un jour ou deux pour t'accoutumer,
et songe donc que quand tu seras de retour, tu auras des
matériaux pour conter à tes amis pendant plus de dix
ans, et pour créer au moins cinq ou six pièces de
théâtre.

DUMONT.

Oh! pour ce dernier article, monsieur, c'est impossible. Ce n'est qu'à Paris qu'un auteur dramatique peut
se former, parce que ce n'est qu'à Paris qu'on peut
étudier la vraie, la belle nature, la nature qui fait fris-
sonner les hommes, qui donne des attaques de nerf
aux femmes et de brillants succès à un auteur; et on
ne peut rencontrer une telle nature que dans la grand'-
ville, dans les prisons, dans les hôpitaux, à la cour
d'assises, à la morgue ou sur la grève.

SAINT-LÉON.

Je sais que c'est là où un grand nombre d'auteurs
modernes vont puiser leurs inspirations; mais, mon
cher Dumont, tu arrives un peu tard, et en fait d'hor-
reurs, tout a déjà été présenté au théâtre. Il faudrait
maintenant du neuf pour pouvoir réussir, et tu sais que
depuis long-temps il n'y en a plus au monde.

DUMONT.

Une pareille difficulté n'arrête pas le génie... Eh bien!
moi, tel que vous me voyez, j'ai trouvé un moyen
neuf, unique, d'exciter au plus haut degré l'intérêt et
de faire naître les plus vives émotions.

SAINT-LÉON.

Quel est donc ce moyen extraordinaire? Je t'avoue
que je suis assez curieux de le connaître.

DUMONT.

Je ne vous le dirais pas si vos amis étaient là, surtout

M. Edouard ; mais je vous prie de ne pas leur en parler.

SAINT-LÉON.

Je te le promets ; voyons donc ton fameux projet.

DUMONT.

Comme vous l'avez fort bien observé tout à l'heure, on a déjà épuisé bien des sujets de terreur pour la scène... Les coups de poignards, les empoisonnements, sont depuis long-temps relégués dans les moyens classiques ; nous avons vu les convulsions de l'agonie, des enterrements avec l'office des morts, des bourreaux et autres bagatelles ; mais moi, je veux faire mieux que cela, je placerai l'échafaud sur la scène.

SAINT-LÉON.

Ah ! pour celui-là je ne m'en étais pas douté ; mais quel effet penses-tu produire avec ton échafaud de carton peint, sans doute ?

DUMONT.

Du carton ! non, monsieur, non, mon échafaud ne sera pas de carton, mais bien le véritable instrument du supplice des criminels ; on n'y fera point monter un mannequin, avec une vessie pleine de sang, mais ce sera le bourreau lui-même qui fera subir le dernier supplice à un homme véritable, en chair et en os, comme vous et moi... Voyez-vous maintenant quel effet produira un pareil spectacle ?

SAINT-LÉON.

Pour le coup, je n'y tiens plus ; je tombe de surprise en surprise... Oui, sans doute l'effet sera prodigieux ; mais une seule chose m'embarrasse, mon pauvre Dumont, quel acteur voudra, dans ton drame sublime, se charger du rôle de patient ?

DUMONT.

Rien de plus facile... J'obtiens une loi qui m'autorise à faire exécuter sur le théâtre, tous les criminels condamnés à mort par toute la France. Le sujet de leur condamnation formera le sujet de la pièce, et leur supplice en sera le dénouement.

SAINT-LÉON.

De mieux en mieux.., Ton génie sait surmonter toutes les difficultés ; mais penses-tu pouvoir obtenir une pareille loi ?

DUMONT.

Pourquoi pas... Ne serait-il pas bien plus moral et bien plus convenable que le public fût instruit de tous les détails qui ont entraîné un homme à l'échafaud, que d'aller, comme on le fait aujourd'hui, se repaître les yeux du spectacle de la mort d'un malheureux, sans connaître les causes qui l'ont conduit à sa perte ?

SAINT-LÉON.

Je commence à être de ton avis... Mais j'aperçois Édouard qui vient sans doute me chercher, veux-tu que je lui communique ton projet dramatique ?

DUMONT.

Ah ! monsieur, vous savez ce que vous m'avez promis.

SAINT-LÉON.

Sois tranquille.

SCÈNE IV.

ÉDOUARD, SAINT-LÉON, DUMONT.

ÉDOUARD.

Es-tu disposé maintenant à venir, mon cher Saint-Léon ?

SAINT-LÉON.

Oui, mais il suffisait d'envoyer Antoni. Pourquoi te donner la peine de venir toi-même ?

ÉDOUARD.

Je craignais que tu ne fusses pas encore décidé, et je serais désolé de ne pas te voir partager avec nous le plaisir que nous éprouvons.... Non, tu ne peux te faire une idée du magnifique panorama qui se déploie aux yeux du haut du rocher de Bella-Vista.... Une vaste plaine se déroule à vos pieds comme une immense carte géographique parsemée de villes, de hameaux, de forêts, entrecoupée de routes et de rivières..

et à l'horizon..... c'est Rome, Rome avec ses palais, ses amphithéâtres et tous ses souvenirs, et au dessus de Rome, se détache sur un ciel d'azur la majestueuse coupole de Saint-Pierre... Mais viens, viens,... je ne puis qu'affaiblir un pareil tableau en essayant de le décrire.

SAINT-LÉON.

Dumont, tu vas rester auprès de nos effets, et dans un instant je t'enverrai Antoni pour t'aider à nous les apporter.

ÉDOUARD.

Je suis fâché que Dumont ne vienne pas avec nous pour jouir plus tôt du magnifique point de vue de Bella-Vista, au lieu de rester là tout seul à s'ennuyer.

DUMONT.

Je ne suis pas pressé, d'ailleurs je ne serai pas long-temps seul car j'attends d'un moment à l'autre M. Jacobo qui m'a donné rendez-vous ici.

ÉDOUARD.

Votre M. Jacobo ne me plaît guère, et je vous conseille, mon cher Dumont, de ne pas cultiver une pareille connaissance.

DUMONT.

Oh! monsieur ne craignez rien. Personne n'est meilleur physionomiste que moi, demandez plutôt à M. de Saint-Léon; et je puis vous attester que M. Jacobo est un brave et digne homme.

ÉDOUARD.

Soit, je veux bien le croire, car du reste cela m'est fort égal.... allons, Saint-Léon, partons.

SCÈNE V.

DUMONT seul.

Ces jeunes gens, comme cela est présomptueux!... croire que ce digne M. Jacobo soit une connaissance dangereuse, tandis que c'est l'homme le plus doux, le plus affable... et qui sait rendre justice au mérite... Ah! le voici ce brave homme... il est fidèle au rendez-vous.

SCÈNE VI.

JACOBO, DUMONT.

JACOBO entrant légèrement et faisant un grand nombre de saluts.

Salout, trois fois salout à l'illoustrissime et savan‑
tissime signor Doumont; lou Torquato Tasso, l'Alfieri
de la France.

DUMONT.

Vous êtes bien honnête M. Jacabo; mais vous me flat‑
tez un peu.

JACOBO.

Point du tout, signor, point du tout.... Vous m'avez
lou ce matin quelques morceaux de vos ouvrages qui
m'ont fait oun plaisir, mais oun plaisir comme ze n'en
ai zamais éprouvé; et ze voulais même à cette occa‑
sion, vous faire une petite proposition.

DUMONT.

Parlez, M. Jacobo, de quoi s'agit-il?

JACOBO.

Ze voulais vous offrir de traduire vos ouvrages en
Italien.

DUMONT.

En Italien? pensez-vous que cela réussirait?

JACOBO.

O trop modestissimo signor, si cela réoussirait? vrai
comme ze m'appelle Isaac-Jacobo Madelchini, votre
nom retentirait bientôt dans tous les théâtres de Rome,
de Naples, de Florence, et de Venise.

DUMONT.

Vous me reconciliez un peu avec l'Italie, brave Ja‑
cobo. Eh bien! nous allons demain à Rome, où nous
séjournerons quelque temps, et, puisque vous habitez
cette ville, nous nous reverrons et nous pourrons re‑
parler de cette affaire.

JACOBO.

Et si vous ou M. le comte de Saint-Léon, vous avez
besoin de mes petits services, ne m'épargnez pas. Ze souis

Italien de nation et zuif de profession ; ze demeure auprès du Corso, et ze souis connu de toute la ville. Ze
prête de l'argent, ze place des fonds, zacète des créances,
ze fais des mariages et des recouvrements. Un zeune homme de bonne famille, comme M. le comte par exemple,
est-il un peu zêné?... il n'a qu'à s'adresser à moi, et
pour un petit intérêt, ze lui prête tout ce dont il a besoin.

DUMONT.

Je vous remercie pour M. le comte ; mais il n'a besoin
de rien.

JACOBO.

C'est que, voyez-vous, ce que vous m'avez dit ce
matin m'a paru si surprenant, que ze m'étais imaziné
que la famille de M. le comte avait peut-être été ruinée
pendant votre révolution, puisqu'elle laissait un zeune
homme d'une telle condition voyazer d'une manière
aussi mesquine.

DUMONT.

Vous étiez dans une grande erreur. Sans doute la
famille de Saint-Léon a beaucoup souffert dans la révolution, et son père est mort en pays étranger ; mais
il reste encore à sa veuve au moins cent mille francs
de rente, deux ou trois châteaux en province, et le
plus bel hôtel de la rue de l'Université ; et elle n'a que
deux enfants, M. le comte et une fille un peu plus
jeune que lui.

JACOBO, à part.

Bon!... bon! voilà ce que ze voulais savoir. (haut.) Et
madame la comtesse aime bien, sans doute, monsieur
son fils?

DUMONT.

Si elle l'aime!... Elle sacrifierait tout pour lui ; mais
il faut convenir aussi qu'elle est bien payée de retour ;
il est peu d'enfants aussi attachés à sa mère que l'est
M. le comte de Saint-Léon à la sienne.

JACOBO, à part.

O la bonne affaire!... ze souis enchanté... (haut.) Et
ces deux autres zeunes gens n'ont pas de fortune?

DUMONT.

Non ; ils n'ont pour toute fortune que leurs talents.

JACOBO.

C'est bien peu de soze, à moins que ce ne soit un talent distingué comme le vôtre, M. Dumont.

DUMONT.

Mais ces messieurs ne sont pas sans mérite.

JACOBO.

Et M. le comte leur est-il bien attaché ?

DUMONT.

Après sa mère et sa sœur, il n'a rien de plus cher au monde que ses deux amis.

JACOBO, à part.

Encore une circonstance à noter.

SCÈNE VII.

LES PRÉCÉDENTS, ANTONI.

M. Dumont, je viens de la part de ces messieurs vous chercher avec tous les paquets.

M. DUMONT.

C'est bien ; je suis à toi. Mon cher M. Jacobo, je suis fâché de vous quitter sitôt ; mais le devoir avant tout, et d'ailleurs j'espère bientôt vous revoir.

JACOBO.

Et moi aussi, ze l'espère, M. Dumont... (à part.) Plus tôt, peut-être, que vous ne vous y attendez.

SCÈNE VIII.

JACOBO, seul.

Enfin me voilà au courant de tout ce que ze voulais savoir... Z'espère que le signor Baldini n'aura pas à se plaindre de moi... Prenons vîte quelques notes. (Il tire de sa poche une espèce de portefeuille et écrit dessus.) M. le *comte de St.-Léon..., madame la comtesse sa mère, rue de l'Université, faubourg Saint - Germain... Paris... cent mille francs de rente au moins....* O la bonne affaire... Hâtons - nous d'aller trouver nos zens.

FIN DU PREMIER ACTE.

ACTE DEUXIÈME.

SCÈNE PREMIÈRE.

BALDINI, JACOBO.

BALDINI.

Oui, je comprends très-bien que si le comte de St.-Léon est aussi riche que tu le dis, cette opération puisse être assez productive.

JACOBO.

Assez productive!... Dites donc deux ou trois fois autant que celle de votre lord anglais, et de votre baron allemand, dont, soit dit en passant, vous n'avez pas su tirer un parti convenable.

BALDINI.

Je conviens que je suis plus habile pour un coup de main que pour savoir enlever à mes prisonniers toutes les dépouilles qu'il est possible de leur arracher. Plus d'une fois même, je ne m'en cache pas, je me suis surpris attendri par leurs plaintes...... Mais c'est à toi qu'appartient l'honneur de savoir sucer un malheureux jusqu'à la moëlle des os.

JACOBO:

Sacun a son petit talent, voyez-vous, signor Baldini, et il souffit de savoir bien envisager les soses pour leur trouver des couleurs convenables. Ainsi vous, par exemple, vous êtes le conquérant, l'Alexandre, le César, tout ce que vous voudrez dans ce zenre, et moi ze souis le petit diplomate, qui négocie les traités nécessaires pour assurer le fruit de vos conquêtes.

BALDINI.

Oh! je ne suis pas en peine des arguments que ta conscience saura trouver pour colorer toutes tes actions, et sous ce rapport, ainsi que sous bien d'autres, j'avoue que tu es bien supérieur à moi, c'est-à-dire bien plus scélérat.

JACOBO.

Vous me faites, signor, beaucoup trop d'honnneur... Mais pour en revenir à notre affaire, ze vous dirai donc que l'on peut sans difficulté en tirer deux cent mille francs.

BALDINI.

Deux cent mille francs!... La somme me paraît un peu forte, et je crois difficile.....

JACOBO, interrompant.

Difficile!.... Fiez-vous à moi, signor, fiez-vous à moi, et écoutez mon petit calcul. Mme la comtesse de Saint-Léon a cent mille francs de rente au moins, et elle aime son fils à l'adoration. Deux cent mille francs ne sont zamais que deux ans de son revenu, et vous croyez que pour une pareille bagatelle elle refuserait de payer la liberté de son fils?... Ensouite pour que le zeune homme presse davantage madame de Saint-Léon, nous retenons également ses deux amis, qu'il aime presque autant qu'il aime sa mère.... Et tenez, si nous voulions pousser les sozes plus loin, ze me sarze de vous faire prendre madame la comtesse elle-même... Vous savez, quand on tient de zeunes oizeaux en caze, il n'est pas difficile d'attraper leur mère.

BALDINI.

Sais-tu que tu as une imagination vraiment infernale?... Faire servir à tes projets l'amitié, la tendresse filiale, l'amour maternel, tous les sentiments les plus doux de la nature... Non, il n'y a que satan ou toi capable d'une pareille invention... Mais je ne veux pas pousser les choses plus loin, et je m'en tiens à une rançon que tu feras payer par les moyens convenus.

JACOBO.

Soit, puisque vous le voulez ainsi. Mais il est temps de se mettre à l'œuvre. Ze vais m'assurer si tout le monde est à son poste, et ze viendraï vous rezoindre dans un instant. (Il sort.)

SCÈNE II.

BALDINI, seul.

Encore une expédition !... Encore un crime !... Je devrais pourtant y être accoutumé, et cependant chaque fois que je suis sur le point de commettre une action semblable, j'éprouve une sorte de répugnance... ou plutôt de remords... Il est vrai que je finis par en triompher... Oui, j'en triomphe, mais ce n'est que pour un instant, et bientôt j'entends une voix intérieure qui me crie : Etais-tu donc fait pour être chef de brigands ?.... Naissance, fortune, éducation, j'avais tout, j'ai tout sacrifié.... Ces jeunes gens que je vais attaquer, je devrais marcher leur égal... Oui, autrefois le comte de Saint-Léon et ses deux amis auraient recherché ma société, et maintenant je vais être pour eux un objet d'horreur et de mépris !... Je vais porter la douleur et peut-être la mort dans le cœur d'une mère... D'une mère !... Malheureux ! quel nom viens-tu de prononcer ?... Une mère !... Et la tienne qu'en as-tu fait ?... Tes crimes ont creusé son tombeau !.... (Il se promène à grands pas sur la scène.) Oh! dans quel affreux précipice me suis-je donc plongé !... Et voilà pourtant où m'ont entraîné mes passions effrénées... Et quand je veux faire un pas pour sortir de cet abîme, je n'en ai pas la force, une main invisible semble m'y retenir et m'y enfoncer de plus en plus... (Il continue de se promener un instant plongé dans ses réflexions.)

SCÈNE III.

BALDINI, JACOBO.

JACOBO accourant avec empressement.

Tout est prêt, signor Baldini, tout est prêt ; voici le moment d'azir. Nos trois zeunes zens sont tranquillement assis sur le rocher... l'un dessine, l'autre regarde dans une lunette, et le troisième, assis nonchalamment contre un arbre, zoue de la flûte. —Le domestique et le guide vont descendre ici dans un instant; Sacripanti et quatre hommes les arrêteront, tandis que vous avec le reste de la troupe vous irez attaquer ces zeunes Français; nous n'avons pas un moment à perdre... Mais vous n'avez pas l'air de m'écouter, signor Baldini?...

BALDINI.

Tu es pour moi le génie du mal... C'est toi, ce sont tes perfides conseils qui m'ont poussé à faire cet infâme métier ; c'est toi qui m'y retient, et si par hasard quelques restes de bons sentiments veulent encore se faire jour dans mon cœur, tu es là, toi, toujours là pour les étouffer !

JACOBO.

Allons, allons, signor Baldini, touzours de la philosophie hors de saison. Ze vous l'ai dézà dit : dans quelque temps vous vous retirerez... Encore une dixaine d'expéditions comme celle-ci, vous voilà riche, mais plus riche que vous ne l'avez zamais été... et alors vous vous ferez honnête homme, vous irez habiter quelque grande ville où vous serez inconnu, vous y vivrez honoré, considéré et en paix avec tout le monde.

BALDINI.

Et serai-je en paix avec moi-même?... Me promets-tu que je n'aurai pas dans le cœur un ver rongeur qui détruira toutes mes jouissances et ne me laissera pas goûter un seul instant de bonheur ?

JACOBO.

Voici Dumont et Antoni qui arrivent, retirons-nous vîte, avant qu'ils nous aperçoivent. (Il prend le bras de Baldini et l'entraine.

SCÈNE IV.

DUMONT, ANTONI.

DUMONT.

Quel maudit pays !... je ne saurais trop le répéter, quel maudit pays !... que c'est désagréable des montagnes ! Soit qu'il faille monter soit qu'il faille descendre, c'est toujours à peu près la même fatigue... Si j'étais roi, je ferais abattre toutes les montagnes de mes états.

ANTONI, après avoir déposé ses paquets.

Eh bien ! M. Dumont, comment avez-vous trouvé la vue du haut de Bella-Vista ? N'est-ce pas que c'est magnifique ?

DUMONT.

Ça n'est pas mal ; mais j'avais déjà vu ça, et mieux même sans sortir de Paris.

ANTONI.

Par exemple, voilà qui est singulier. Et comment, monsieur, sans sortir de Paris vous avez pu voir la campagne de Rome ?

DUMONT.

Et n'avons-nous pas les panoramas, les dioramas, les cosmoramas, où, pour la bagatelle de deux francs ou deux francs cinquante centimes au plus, nous pouvons, sans fatigue et quand cela nous plaît, contempler à notre aise les plus beaux sites de la terre ; mais plus beaux,... plus beaux même qu'au naturel ?

ANTONI.

Et l'on voit tout cela à Paris ?...

DUMONT.

Et bien d'autres choses encore...

ANTONI.

Que je serais content d'y aller !... Mon père, comme je vous l'ai dit, était un ancien soldat français qui s'était fixé en Italie après la bataille de Marengo ; il m'avait toujours promis de me mener dans sa patrie, dont il se plaisait à me faire parler la langue. Mais hélas! il est mort avant d'avoir pu exécuter son dessein, et moi, j'ai formé la résolution d'y aller aussitôt que j'en trouverais l'occasion.

DUMONT.

Tu feras bien, mon ami, très bien. Mais, si tu veux m'en croire, ne t'arrête nulle part sur ta route, et rends-toi directement à Paris. Car, vois-tu, quand on n'a pas vu Paris, on n'a rien vu... Paris, c'est la France,... c'est l'Europe,... c'est le monde entier... Aussitôt que tu seras arrivé dans cette ville, tu viendras me trouver; je te promets de t'aider de mes conseils, de te faire faire de bonnes connaissances...

ANTONI.

Merci, mille fois, M. Dumont, je n'y manquerai pas.

DUMONT.

Puis je te ferai voir les curiosités de Paris, les Tuileries, le Luxembourg, le palais de la Bourse, l'obélisque de Louqsor et la girafe, deux magnifiques productions de l'Afrique... puis je te conduirai au spectacle... nous visiterons les différents théâtres... As-tu jamais été au spectacle?

ANTONI.

Non, jamais. Mon père m'en a parlé quelquefois, mais je ne m'en fais que difficilement une idée.

DUMONT.

Pauvre jeune homme!... n'avoir pas encore été au spectacle à son âge!... et dire qu'il y a peut-être dans le monde une foule de gens qui naissent, vivent et meurent sans avoir été une seule fois de leur vie au spectacle!... En vérité, il faut voyager pour voir de ces choses là, et on me l'aurait dit avant d'avoir quitté Paris que je ne l'aurais jamais cru.

ANTONI.

Comment c'est-il donc fait, monsieur, un spectacle?

DUMONT.

Tiens, je vais t'expliquer cela... Figure-toi d'abord

une vaste salle, avec des banquettes et des galeries en amphithéâtre... Tout cela est plein de monde du haut jusqu'en bas... Des personnes qui tiennent un rang honorable dans la société, des savants, des hommes de lettres, de jeunes étudiants, composent une partie de l'assemblée... Des dames en brillante toilette forment comme un parterre de fleurs... Plus près, c'est l'orchestre garni de musiciens, dont quelques-uns jouissent d'une réputation européenne... Voilà pour la salle... Comprends-tu ?

ANTONI.

Oui, oui, je vois tout cela d'ici.

DUMONT.

Tout ce monde a les yeux fixés sur un seul point..., c'est le théâtre, caché au public par une toile. Au moment convenu cette toile se lève, et la scène représente... une forêt, par exemple, comme celle-ci. Alors la pièce commence... Un jeune homme (écoute bien, car ceci est une scène de l'un de mes drames qui a obtenu un très beau succès sur un théâtre bourgeois de Paris), un jeune homme, comme je le disais, suivi d'un seul domestique, traverse cette forêt ; il se rend au château voisin pour épouser la fille du seigneur. Il s'arrête un instant pour se reposer, descend de son cheval qu'il attache à un arbre, et tandis qu'il s'entretient paisiblement avec son domestique, comme je le fais en ce moment avec toi, des brigands, sortis de quelque embuscade, s'avancent lentement par derrière et leur crient...

SCÈNE V.

LES MÊMES, SACRIPANTI, FERRATO, trois autres voleurs.

(Les brigands commencent à sortir quand Dumont dit ces mots : *un jeune homme, comme je le disais ;* et à l'instant où il prononce et *leur crient,* Sacripanti le saisit au collet et dit :

SACRIPANTI,

Arrête !...

DUMONT, ANTONI, effrayés.

Ah! mon Dieu! ah! mon Dieu, messieurs, ne me
tuez pas!

SACRIPANTI.

Silence!...

DUMONT.

Monsieur, je vous en prie...

SACRIPANTI, élevant la voix.

Silence!...

DUMONT.

Monsieur...

SACRIPANTI en élevant la voix plus haut, et le menaçant d'un pistolet.

Silence, encore une fois, ou sinon... Avez-vous des
armes, l'un ou l'autre? Répondez... (Ils se taisent.) répondez donc, ou sinon...

DUMONT et ANTONI.

Non, monsieur, non.

SACRIPANTI.

Vous allez être fouillés, et si vous avez fait une fausse
déclaration, prenez garde à vous.

DUMONT.

Non, je vous l'assure, nous n'avons pas d'armes...
Mais, monsieur, qu'allez-vous faire de nous?

SACRIPANTI.

Silence!... Je n'aime pas les questions. (S'adressant à
à un homme de sa suite.) Barbarino, prends deux hommes
avec toi, et conduis ces prisonniers au château de la
Roche-Noire.

Dumont, au moment où les brigands se préparent à l'emmener avec
Antoni, se retourne vers Sacripanti.

DUMONT.

Mais, monsieur, permettez...

SACRIPANTI.

Silence donc!...

(Il regarde jusqu'à ce que les brigands et les prisonniers aient disparu.)

SCÈNE VI.

SACRIPANTI, FERRATO.

SACRIPANTI.

Toi, Ferrato, tu vas rester avec moi jusqu'à l'arrivée du capitaine.

FERRATO.

Avec plaisir, signor Sacripanti... Mais, dites-moi, que pensez-vous, mon lieutenant, de cette expédition?

SACRIPANTI.

Moi, ce que j'en pense... je ne pense pas du tout... Quand le capitaine m'a donné un ordre, je ne me permets pas la moindre réflexion.

FERRATO.

Sans doute, mais quand on a reçu un ordre de faire çà ou çà, encore est-on bien aise de savoir...

SACRIPANTI.

Eh bien! moi je ne cherche jamais à savoir... Vois-tu, Ferrato, je vais te faire une comparaison... Quand le sabre que je tiens à la main est lancé contre quelque chose, penses-tu qu'il réfléchisse?

FERRATO.

Non sans doute.

SACRIPANTI.

Eh bien! je suis, moi, et nous devons être tous le sabre dans la main de notre digne capitaine le signor Baldini, et frapper quand il nous commande sans faire la moindre réflexion. Pour moi, s'il me l'ordonnait, je partirais demain pour aller attaquer le grand Turc ou l'empereur de la Chine.

FERRATO.

D'accord; je voulais seulement dire que l'expédition d'aujourd'hui ne me paraissait pas devoir être bien lucrative.

SACRIPANTI.

Et d'où te vient cette idée?

FERRATO.

C'est que j'ai jeté un coup d'œil sur les équipages des prisonniers, et ça n'a pas l'air d'être bien garni de sonnettes.

SACRIPANTI.

Jacobo n'aurait pas engagé le capitaine à arrêter ces Français, s'il n'eût pensé que ce fût un bon coup à faire.

FERRATO.

C'est ce que je me suis déjà dit. Il faut avouer que c'est un fameux homme que ce Jacobo pour dépister les riches voyageurs; mais ce qui me déplaît, c'est qu'il gagne plus que nous qui sommes toujours exposés au danger.

SACRIPANTI.

C'est assez l'ordinaire, mon cher Ferrato, même ailleurs que dans des sociétés comme la nôtre.

FERRATO.

Eh bien ! je vous dirai franchement, mon lieutenant, que j'aime mieux être un simple bandit comme je le suis... là,... faisant mon métier en brave, obéissant à mes chefs, que d'être un Jacobo.

SACRIPANTI.

Et tu as bien raison. Certainement un franc bandit est bien au-dessus d'un hypocrite et d'un traître comme lui... Mais, silence... Voici le capitaine avec tout son monde.

SCÈNE VIII.

Les précédents, BALDINI, CHARLES, ÉDOUARD, SAINT-LÉON.

(Baldini entre le premier; il est suivi de Charles, d'Édouard et de Saint-Léon. Trois ou quatre bandits armés ferment la marche.)

BALDINI à Sacripanti.

Avez-vous exécuté mes ordres ?

SACRIPANTI.

Oui, mon capitaine; les deux prisonniers viennent d'être envoyés au château.

BALDINI.

Ont-ils fait quelque résistance ?

SACRIPANTI.

Non, capitaine,... doux comme des agneaux.

BALDINI.

C'est bien... (aux prisonniers.) Messieurs, préparez-vous à nous suivre.

SAINT-LÉON.

Nous sommes vos prisonniers, et nous ne pouvons qu'obéir. Mais nous serait-il permis de vous demander une grâce?... Nous désirerions n'être pas séparés.

BALDINI.

Vous ne le serez pas, je n'en ai même pas eu l'intention.

SAINT-LÉON.

Que sont devenus les deux hommes de notre suite?

BALDINI.

Vous les retrouverez au château de la Roche-Noire où nous allons nous rendre à l'instant.

ÉDOUARD.

M. Baldini, votre intention est-elle de nous retenir long-temps prisonniers?

BALDINI.

Cela dépendra un peu de vous, messieurs, et de mon homme d'affaires qui sera chargé de traiter de votre rançon.

CHARLES.

Et nos instruments, nos livres, nos crayons...

BALDINI.

Tout cela sera à votre disposition à votre arrivée au château. Je vous l'ai déjà dit en vous arrêtant, messieurs, je n'ai pas intention de vous maltraiter. Je ne veux exiger de vous qu'un tribut, en qualité de seigneur de ces forêts; et jusqu'à ce qu'il soit acquitté, vous serez traités du mieux qu'il me sera possible, au château de la Roche-Noire... J'ai quelques ordres à donner, et nous partirons dans un instant.

(Pendant qu'il donne des ordres à ses gens.)

SAINT-LÉON.

O ma mère quelle serait ta douleur si tu me savais

dans une pareille position... Et moi qui me préparais à
célébrer ta fête en ce jour!...

ÉDOUARD.

Allons, Saint-Léon, du courage... Eh bien! nous
voulions célébrer la fête de Mme de Saint-Léon dans la
forêt ou sur le haut des Apennins, qui nous empê-
chera de le faire dans la caverne..., je veux dire dans le
château de ces messieurs? Cela aura quelque chose de
plus extraordinaire, de plus romantique, comme dirait
Dumont... Allons, mes amis, surtout de la fermeté et
pas de chagrin.

SACRIPANTI s'approchant.

Messieurs, le capitaine ordonne le départ.

(Ils sortent tous.)

FIN DU SECOND ACTE.

ACTE TROISIÈME.

Le théâtre représente l'intérieur d'une salle du château de la Roche-Noire.

SCÈNE PREMIÈRE.

SAINT-LÉON, DUMONT.

DUMONT, debout.

Comment ils exigent deux cent mille francs de rançon !

SAINT-LÉON, assis à une table sur laquelle il écrit.

Tout autant. Et ce n'est pas encore la perte de cette somme qui m'afflige le plus ; mais ma mère, ma pauvre mère, que va-t-elle devenir quand elle apprendra que son fils est prisonnier d'une troupe de brigands !

DUMONT.

Mais comment se fait-il que ce soit à vous qu'ils s'adressent plutôt qu'à M. Charles ou à M. Edouard qu'ils ne connaissent pas plus que vous ?

SAINT-LÉON.

Je crains bien, mon cher Dumont, que ta question ne t'attire un reproche que j'aurais voulu t'épargner...

DUMONT.

Quel reproche monsieur peut-il donc m'adresser à ce sujet ?

SAINT-LÉON.

Tu as trop causé, mon pauvre Dumont, tu as trop causé, et c'est toi qui leur a fait connaître que j'étais le comte de Saint-Léon, et que j'avais de la fortune.

DUMONT.

Monsieur, je vous jure que je n'ai pas ouvert la bouche à un seul de ces bandits depuis l'instant où ils m'ont arrêté... Et m'entendre accuser de trahison !...

BALD.   5

SAINT-LÉON.

Fi donc, Dumont, tu dois savoir qu'une pareille idée
ne peut entrer dans mon esprit. Je ne t'accuse que d'in-
discrétion ; n'as-tu pas parlé un peu trop légèrement ce
matin avec M. Jacobo ?

DUMONT.

Il est vrai que j'ai causé avec lui de choses et d'autres..., que je suis peut-être entré dans quelques détails;
mais M. Jacobo est un brave homme, et je me connais
trop bien en physionomie pour m'être trompé.

SAINT-LÉON.

Et que dirais-tu de tes connaissances en physionomie, si l'on t'apprenait que ce M. Jacobo n'est autre
chose que l'agent secret, l'homme d'affaires, le facto-
tum de Baldini, et que c'est d'après ta conversation
avec lui que nous avons été arrêtés ?

DUMONT.

Pas possible, monsieur,...... jamais je ne pourrai
croire...

SAINT-LÉON.

A l'instant même tu vas t'en convaincre, car je l'attends ici avec Baldini pour régler nos conventions, et
je suis surpris qu'il ne soit pas encore arrivé... Mais le
voici.

DUMONT.

A qui donc se fier, grand Dieu !...

SCÈNE II.

SAINT-LÉON, DUMONT, JACOBO.

JACOBO (s'approche en faisant de grands saluts à Saint-Léon.)

Son excellence monseigneur le comte de Saint-Léon
veut-il bien me permettre de lui offrir les hommages
respectueux de son très-oumilissimo servitor, Jacobo
Madelchini ?

SAINT-LÉON (sans se déranger).

Tout à l'heure je suis à vous.

JACOBO.

Ah! voilà notre respectable ami M. Dumont, peut-on lui présenter ses salutations?

DUMONT, avec humeur.

Laissez-moi... Je vous connais maintenant.

JACOBO.

Z'en puis dire autant de vous, M. Dumont.

DUMONT.

Vous êtes un sournois, un fourbe, un perfide, un Judas.

JACOBO.

Et moi ze pourrais en trois lettres vous dire ce que vous êtes.

DUMONT.

Maudit espion, va, dans le premier drame que je ferai, c'est toi que je prendrai pour modèle de mon rôle de traître.

JACOBO.

Et s'il vous faut un rôle de niais, regardez-vous dans votre miroir et vous en aurez un excellent modèle sous les yeux.

DUMONT, avec colère.

Scélérat!... Je crois que tu oses m'insulter; si je ne me retenais...

SAINT-LÉON.

Que veut dire ce bruit Dumont?... Laisse cet homme tranquille... ce n'est ni le moment ni le lieu convenable pour lui adresser des reproches... (à Jacobo) Voyons, approchez, et terminons cette affaire.

JACOBO en s'approchant recommence ses saluts.

Votre excellence veut-elle permettre?...

SAINT-LÉON, avec dépit.

Laissez, laissez tous ces compliments et allons au fait. D'abord, pourquoi Baldini n'est-il pas avec vous?

JACOBO.

Baldini!... il est avec les autres : toute la troupe, capitaine, lieutenant, soldats, sont rangés sur l'esplanade autour de vos amis qui font de la musique.

SAINT-LÉON.

J'espère qu'on ne les contrarie pas .

JACOBO.

Les contrarier !... vous ne connaissez guère les Italiens ; ils se passeraient de boire et de manzer pour entendre de la musique ; et jugez quel effet cela a dû produire sur la troupe de Baldini qui n'en entend pas souvent, et surtout de pareille... C'est curieux de les voir !... ils sautent, ils dansent, ils font des contorsions... Enfin ze n'ai pu arracher de là Baldini lui-même, qui est aussi avide de musique que les autres... Du reste nous n'avons pas besoin de lui pour terminer cette affaire ; z'ai plein pouvoir de sa part.

SAINT-LÉON.

Je n'aurais pas été fâché de le voir lui-même ; car ses prétentions sont si exagérées qu'il aurait sans doute consenti à quelque diminution.

JACOBO.

Impossible, M. le comte, impossible... Comptons un peu, et vous avouerez vous-même que ce n'est qu'une bagatelle... Cinquante mille francs sacun de vos amis ; ne valent-ils pas cela ?

SAINT-LÉON, avec sentiment.

Ils valent mieux que tout l'or du monde !...

JACOBO.

Vous voyez donc que c'est être bien raisonnable que de ne les porter qu'à cinquante mille francs, mais nous avons de la conscience... Et vous, M. le comte, si vos amis valent cinquante mille francs sacun, c'est presque vous faire injure que de ne vous porter qu'à cent mille francs, car vous valez au moins dix fois plus qu'eux.

SAINT-LÉON à part.

Quel impudent coquin !...

JACOBO.

Et nous vous donnons M. Dumont pour rien... Vous voyez que sacun de vous est encore estimé au-dessous de sa véritable valeur.

DUMONT.

Insolent !

SAINT-LÉON.

Paix !... Pas tant de verbiage ; M. Jacobo, et finissons-en. Je consens à payer les deux cent mille francs ; mais n'y aura-t-il pas moyen d'abréger notre captivité, et surtout que ma mère n'en soit pas instruite avant notre élargissement.

JACOBO.

Cela pourra s'arranzer, M. le comte. Moyennant un petit escompte sur les traites, ze me sarze de vous les faire négocier le plus tôt possible. Vous n'avez qu'à les écrire d'après le modèle que vous avez sous les yeux.

SCÈNE III.

Les précédents, ÉDOUARD.

EDOUARD entrant avec précipitation.

Bonne nouvelle, mon ami; bonne nouvelle.

SAINT-LÉON.

Que veux-tu dire ?

ÉDOUARD.

De quoi t'occupes-tu là ?

SAINT-LÉON.

De régler notre rançon.

ÉDOUARD.

Notre rançon !... elle est payée ; nous sommes libres.

JACOBO.

Comment payée ! et par qui, et l'on ne m'a pas appelé pour vérifier la somme !

ÉDOUARD.

Ce n'était pas fort nécessaire, car Charles et moi nous avons soldé cette somme avec de la musique.

SAINT-LÉON.

Avec de la musique !... Je ne te comprends pas... Explique-toi donc.

ÉDOUARD prend une chaise et se place auprès de la table où est Saint-Léon. Dumont se rapproche pour les écouter.

Je vais te conter cela.

JACOBO, à part.

Oh ! ze devine de quoi il est question... Baldini aura
fait quelque sottise , allons tâcher d'y porter remède.
(Il sort furtivement.)

SCÈNE IV.

SAINT-LÉON, ÉDOUARD, DUMONT.

ÉDOUARD continuant.

Tu sais que nous étions sortis , Charles et moi, pour
répéter ensemble les morceaux que nous voulions jouer
à l'occasion de la fête de ta mère.

SAINT-LÉON.

Oui.

ÉDOUARD.

A peine avons-nous commencé à jouer , que toute la
troupe est venue nous entourer avec un air de curiosité,
qui a fait place bientôt à la surprise, à la joie, au
ravissement. Baldini, qui, je t'assure, annonce des
sentiments qu'on ne s'attendrait pas à trouver dans un
chefs de brigands , Baldini a profité de l'occasion pour
demander à ses gens notre liberté sans rançon. Tous ,
d'une voix unanime, y ont consenti. Baldini et Charles
arrivent sur mes pas ; je les ai précédés pour t'annoncer
cette heureuse nouvelle.

SAINT-LÉON.

Ce que tu me dis là est si extraordinaire , que , si je
n'étais convaincu que dans la position où nous trou-
vons tu ne te permettrais pas une pareille plaisanterie ,
j'aurais bien de la peine à te croire.

ÉDOUARD.

Voici deux autres témoins qui vont te le confirmer.

SCÈNE V.

LES PRÉCÉDENTS, CHARLES, BALDINI.

CHARLES.

Venez , généreux Baldini , recevoir de notre ami
Saint-Léon les remerciements que mérite votre action;

car c'est à vous seul que nous devons la résolution de
vos gens.

BALDINI.

Messieurs, vous ne me devez rien... Je suis assez
payé par le plaisir que j'éprouve ; mais mes gens ont
mis une condition à votre liberté, c'est de nous faire
entendre encore, avant de nous quitter, cette musique
ravissante qui a produit sur nous une si vive impres-
sion.

SAINT-LÉON.

Nous aurions bien mauvaise grâce à leur refuser une
telle demande, et il nous sera d'autant plus facile de la
leur accorder, que voici bientôt l'heure à laquelle nous
devions célébrer une fête...

BALDINI.

Je sais ce que vous voulez dire ; vos amis m'ont ex-
pliqué votre projet. Eh bien ! si vous le permettez, mes
gens seront enchantés de participer à cette fête ; car ils
aiment la danse autant que la musique, et tandis que
mademoiselle votre sœur réunira la plus brillante société dans les salons de votre hôtel, vous, vous célé-
brerez la même fête au milieu d'une troupe de bandits
des Apennins.

ÉDOUARD.

Au fait, le contraste sera assez piquant, et je veux
m'amuser à dessiner ce tableau.

BALDINI.

Tout le monde sera content, excepté peut-être Jacobo... Mais où est-il donc Jacobo ? je le croyais avec
vous, M. de Saint-Léon.

SAINT-LÉON regarde de tous côtés.

Il était ici il n'y a qu'un instant, je ne l'ai pas vu
sortir, et toi Dumont ?

DUMONT.

Ni moi non plus, j'étais tout occupé de la bonne
nouvelle que nous apportait M. Edouard, et pendant
ce temps-là Jacobo a disparu comme une ombre.

SCÈNE VI.

LES PRÉCÉDENTS, ANTONI.

ANTONI accourant.

Oh ! messieurs, quelle mauvaise nouvelle... Voilà
M. Jacobo qui vient de tout défaire ce qu'avait fait
M. Baldini.

BALDINI.

Comment ! qu'a donc fait Jacobo ?

ANTONI.

Il a dit comme çà à la troupe qu'ils étaient des imbé-
ciles de perdre une si belle occasion, qu'il y avait parmi les prisonniers un comte de Saint-Léon qui était
immensément riche, et qu'il consentait à payer une
forte rançon.

BALDINI.

Le scélérat !... Ce sont bien là de ses traits... Et qu'ont
répondu mes gens ?

ANTONI.

Oh ! monsieur, il y a eu un tumulte, un brouhaha
terrible, et je suis venu ici vous l'annoncer ; mais voici
M. Sacripanti qui vous expliquera cela mieux que moi.

SCÈNE VII.

LES PRÉCÉEENTS, SACRIPANTI.

BALDINI.

Qu'apprends-je là, Sacripanti ? Il paraît que déjà
vous avez oublié la promesse que vous avez faite il n'y
a qu'un instant, et que l'on ne veut plus rendre la
liberté à nos prisonniers ?

SACRIPANTI.

Pardon, mon capitaine, il ne faut pas dire *vous*, car
moi je ne connais qu'une couleur : c'est l'obéissance.

BALDINI.

C'est vrai, et tu m'as plus d'une fois donné des preu-
ves du plus grand dévouement. Comment as-tu donc

fait dans cette occasion pour ne pas t'opposer à leur projet ?

SACRIPANTI.

Pardon, mon capitaine, j'ai fait tout ce qu'il était possible de faire ; mais à mesure que je parvenais à raccommoder les choses, Jacobo embrouillait de nouveau toutes les cartes. Enfin je me suis mis dans une telle colère, que j'ai senti les poils de ma moustache se hérisser... Quoi!... Si dans ce moment j'en avais eu la permission, j'aurais sabré toute cette canaille... Voulez-vous m'en donner l'ordre, mon capitaine, je vais les sabrer tous, en commençant par Jacobo ?

BALDINI.

Cela n'est pas nécessaire ; mais à quoi se sont-ils définitivement arrêté ?

SACRIPANTI.

Sur mes observations, et malgré Jacobo, ils ont fini par décider qu'ils laisseraient libres les deux artistes, et qu'ils retiendraient M. le comte de Saint-Léon... Et ils m'ont chargé de vous faire part de cet arrangement.

SAINT-LÉON.

Ah! je respire!... Au moins, mes amis, vous voilà libres. Hâtez-vous de profiter de la bonne disposition de ces gens, qui pourraient peut-être en changer encore... Partez, mes amis, je supporterai avec plus de patience ma captivité.

CHARLES.

Comment Saint-Léon, peux-tu penser que nous t'abandonnions ici ?

ÉDOUARD.

Plutôt mourir que te quitter.

SAINT-LÉON.

Mes amis, je vous en conjure.....

ÉDOUARD.

Non, non, c'est inutile. (Se tournant vers Baldini et Sacripanti). Allez dire à vos gens que nous ne voulons point être

séparés de notre ami, et qu'heureux ou malheureux,
nous avons juré de partager son sort.

BALDINI.

Terminons ce débat... Messieurs, je vous ai donné
ma parole que vous seriez rendus tous les trois à la liberté aujourd'hui même; je tiendrai ma promesse, ou
je me ferai plutôt tuer... (A Sacripanti). Va chercher Jacobo, et amène-le ici sur-le-champ.

SACRIPANTI.

Suffit, mon capitaine... Je vais vous l'amener mort
ou vif.

SCÈNE VIII.

SAINT-LÉON, ÉDOUARD, CHARLES, BALDINI, DUMONT, ANTONI.

SAINT-LÉON.

Baldini, nous rendons justice à vos efforts, et nous
vous avons la même obligation que si déjà ils étaient
couronnés du succès, mais, dans une troupe comme la
vôtre il doit se trouver bon nombre de mauvaises têtes;
agissez donc avec prudence, car nous serions au déses-
poir qu'à cause de nous il vous arrivât quelque malheur.

BALDINI.

Messieurs, laissez-moi faire; je sais de quelle manière je dois m'y prendre avec ces hommes grossiers,
mais simples. Le plus difficile à gagner sera Jacobo; avec
lui, il n'y a qu'un moyen, et je saurai l'employer au
besoin... Pendant que Jacobo sera ici, il serait bon que
quelqu'un se rendît au haut de la tour du nord, afin de
surveiller de là, et d'observer ce que peut faire la troupe.

SAINT-LÉON.

Voilà Dumont qui peut bien facilement vous rendre
ce service.

DUMONT.

Bien volontiers, mais comme quatre yeux voient
mieux que deux, voudriez-vous permettre à Antoni de
m'accompagner?

SAINT-LÉON.

Je le veux bien.

BALDINI.

Prenez cette clef qui vous ouvrira la porte de la
tour. (Ils sortent.)

SCÈNE IX.

SAINT-LÉON, ÉDOUARD, CHARLES, BALDINI, SACRIPANTI, JACOBO.

JACOBO en entrant et saluant.

On m'a dit que le signor Baldini désirait me parler...
Messieurs, z'ai bien l'hounneur d'être votre très-oumilissimo serviteur. (Les jeunes gens lui tournent le dos.)

BALDINI.

Sacripanti, reste à cette porte, et empêche qui que ce
soit d'entrer.

SACRIPANTI.

Suffit, mon capitaine.

BALDINI emmenant Jacobo du côté opposé à celui où se trouvent les
jeunes gens qui parlent bas ensemble et écoutent la conversation
de Baldini et de Jacobo.

Viens ici, viens scélérat. De quel droit, réponds-
moi, te permets-tu de t'opposer à mes volontés, et de
soulever ma troupe contre moi... Si je te rendais bonne
justice, ce poignard devrait récompenser une telle action ; mais, réponds donc, qui t'a poussé à cela?....
Parle...

JACOBO.

Ah! signor Baldini, vous vous fâchez mal à propos,
et c'est montrer bien peu de reconnaissance pour un
service que z'ai voulu vous rendre.

BALDINI.

Tu appelles cela un service, misérable, d'exciter la
rébellion parmi mes gens.

JACOBO.

Ne vous emportez pas, signor, ne vous emportez pas,
et daignez au moins écouter mes raisons.

BALDINI.

Explique-toi donc.

JACOBO.

Ze vous avoue que ze n'ai pas vu sans sagrin que, séduit par quelques morceaux de musique, vous alliez laisser échapper une occasion si favorable de gagner une grosse somme. Moi, qui ne suis sensible qu'à une seule espèce d'harmonie, celle que font entendre en les comptant de bonnes pièces d'or ou d'argent, je me suis dit en moi-même, il n'y a qu'un seul moyen d'empêcher le signor Baldini de faire cette folie, et s'il se fàche un peu d'abord, plus tard il m'en saura gré.

BALDINI.

Ame vile, âme de boue, non je ne suis pas encore descendu aussi bas que toi dans les degrés du crime... Non, jamais je ne recevrai cette rançon; j'ai donné ma parole et je la tiendrai.

JACOBO,

Libre à vous, signor, libre à vous; mais vos zens, pourquoi les frustrer de leur part de prise?

BALDINI.

Et sans toi, mes gens auraient-ils su que Saint-Léon était riche, et que nous étions convenus d'une rançon?

JACOBO.

D'accord... Mais,... c'est que... il y a encore quelqu'un qui ne serait pas fàché de toucher ce qui doit lui revenir dans cette affaire.

BALDINI.

Ah! j'y suis, j'y suis; et ce quelqu'un là, ne serait-ce pas le signor Jacobo?

JACOBO.

Ze l'avoue en toute oumilité.

BALDINI.

Et voilà donc la véritable cause de ce service signalé que tu voulais rendre à ma troupe et à moi!... (A part. Bon... Je sais maintenant la manière de le gagner); et quelle était la somme qui devait te revenir?

JACOBO.

Vous savez bien, signor, que vous m'accordez toujours le huitième de vos prises, ce qui fait pour celle-ci 25 mille francs. Puis z'aurais gagné au moins cinq mille francs sur l'escompte des traites, correspondances, changes et rechanges, etc., ce qui m'aurait fait une petite somme de 30 mille francs, dont z'ai le plus grand besoin.

BALDINI.

Toi, avoir besoin d'argent !... Oui, comme un hydropique a besoin de toujours boire, sans doute !

JACOBO.

C'est que cela aurait arrondi une somme que z'ai chez moi, et j'aurais pu acheter la villa du chevalier Corsini, qui me l'offre en paiement d'une petite somme que ze lui ai prêtée.

BALDINI.

Oui, je comprends ; c'est encore pour achever de ruiner quelque malheureux... Cela t'aurait valu trente mille francs, dis-tu ?

JACOBO.

Au moins, signor.

BALDINI.

Eh bien ! écoute, je vais te compter cette somme, à condition que tu iras à l'instant même trouver la troupe, et que tu démentiras tout ce que tu leur as dit tout à l'heure.

JACOBO.

Mais ils ne voudront pas me croire.

BALDINI.

Je me charge du reste.

JACOBO.

En ce cas, signor, il n'est rien que ze ne sois prêt à faire pour vous obliger, et pour rendre service à ces zeunes gentilshommes.

BALDINI s'approche d'un coffre, l'ouvre et en tire un sac.

Tiens, voilà ce que je t'ai promis... Mais songe à

exécuter mes ordres ; d'ailleurs Sacripanti aura l'œil sur
toi ; tu le connais, ainsi prends garde.... Sacripanti,
approche.   (Il lui donne des ordres à voix basse.)

JACOBO après avoir contemplé un instant le sac, l'entr'ouvre, le
soupèse, et dit :

On a bien quelques petits désagréments de temps en
temps dans le métier que ze fais ; mais voici qui console
de bien des injures et de bien des menaces.

SACRIPANTI répondant à Baldini.

Suffit, mon capitaine... (à Jacobo) Allons, M. Jacobo,
partons, et marchez droit ou sinon...

SCÈNE X.

SAINT-LEON., ÉDOUARD, CHARLES, BALDINI.

SAINT-LÉON.

Nous n'avons pas voulu vous interrompre pendant
votre conversation avec Jacobo, mais nous admirons de
plus en plus votre conduite généreuse. Nous nous em-
presserons de vous dédommager bientôt du sacrifice
que vous venez de faire en notre faveur ; en attendant,
vous pouvez compter sur toute notre reconnaissance.

BALDINI.

Ne parlez, messieurs, ni de reconnaissance, ni de
dédommagement. Il est une autre récompense qui me
flatterait bien davantage, une récompense qui ferait
battre mon cœur du bonheur le plus pur ; mais hélas !
ce n'est qu'un rêve trompeur, et je sais trop bien que
je ne puis y prétendre.

SAINT-LÉON.

Et, sans savoir ce que vous désirez, pourquoi n'y
pourriez-vous pas prétendre ? Doutez-vous de l'étendue
de notre reconnaissance ?

BALDINI.

Non, messieurs, non, je n'en doute pas... Je suis
persuadé que votre cœur est généreux, noble, élevé,

accessible en un mot à toutes les vertus, et c'est là pré-
cisément ce qui m'empêche de vous demander la seule
chose que je désire obtenir de vous... Une part dans
votre estime.

CHARLES, s'adressant à Édouard.

Je suis ému jusqu'aux larmes.

ÉDOUARD à Charles.

Il y a de l'espoir de ramener un tel homme à la
vertu. Son cœur ne fut qu'égaré, il n'est pas entière-
ment corrompu.

SAINT-LÉON.

Baldini, un tel désir vous honore à nos yeux, et vous
fait faire un grand pas vers cette estime à laquelle vous
paraissez attacher quelque prix ; mais il vous reste un
moyen de l'obtenir complète, sans réserve, et avec elle
notre amitié.

BALDINI avec feu et sentiment.

Comment, messieurs, moi un proscrit, un infâme,
un homme rejeté de la société, et qui ne pourrait y
rentrer que pour subir le juste châtiment que ses crimes
ont mérité, moi devenir votre ami?... Ah! messieurs,
je vous en prie, ne me flattez pas d'une espérance qu'un
élan de votre cœur généreux a pu me donner, et qu'un
peu de réflexion m'enlèvera bientôt !...

SAINT-LÉON.

Je le répète, Baldini, vous pouvez devenir notre
ami, et pour cela vous n'avez qu'une chose à faire...
Quittez dès aujourd'hui, à l'instant même, le métier
que vous exercez ; rentrez dans le sentier de l'honneur
et de la vertu. Je sais qu'il vous serait difficile de vivre
en Italie... Passez en France, je vous en fournirai les
moyens. Là nous vous procurerons de quoi gagner,
par vos talents ou votre travail, une existence honorable; nous vous aiderons de nos conseils, de nos efforts,
et si, comme j'en conçois la douce espérance, vous répondez à ce que nous attendons de vous, vous jouirez
bientôt de notre confiance, de notre estime, et de

notre amitié... Répondez, acceptez-vous ma proposition?

CHARLES (qui parlait bas à Édouard).

Saint-Léon, tu as dignement exprimé nos sentiments... Répondez, Baldini, acceptez-vous ce que
vous offre Saint-Léon, et nous serons tous amis?...

BALDINI avec transport.

Non, vous n'êtes pas des hommes!... vous êtes sans
doute des anges que le ciel, dans sa miséricorde, a envoyés auprès de moi pour me retirer de mes égare-
ments..... (Il se jette à genoux.) Ah! dites-moi, dites-moi
pour toute grâce que mes crimes me sont pardonnés.

SAINT-LÉON avec émotion.

Un tel repentir doit les effacer tous!... Relevez-vous,
Baldini, et embrassez vos amis.

(Saint-Léon se précipite dans ses bras: Charles et Edouard l'em-
brassent successivement.)

BALDINI, après quelques instants de silence.

Non, non, jamais je n'ai goûté un pareil bonheur...
Oh! si c'est là le plaisir que donne la vertu, comment
peut-on lui préférer les fausses joies du crime!... Mes
amis, puisque vous me permettez de vous donner ce nom,
je renonce à ma vie passée, je pars avec vous et j'irai me
fixer en France... Si dans ce pays il se trouve un grand
nombre de jeunes gens qui vous ressemblent,
un brillant avenir de bonheur et de gloire est encore
réservé à notre belle patrie.

ÉDOUARD.

Voilà un épisode de notre voyage en Italie dont le
souvenir ne s'effacera jamais de ma mémoire.

CHARLES.

Allons, c'est décidé, nous partons tous ensemble.

SAINT-LÉON.

Mais vous oubliez, mes amis, que nous ne sommes
pas encore libres.

BALDINI.

Vous me rappelez que j'ai encore à remplir, pour la dernière fois, les odieuses fonctions de chef de brigands; mais il le faut, et pour votre sûreté et pour l'exécution de mon projet que ces gens ne doivent pas soupçonner.

SCÈNE XI.

LES PRÉCÉDENTS, DUMONT ET ANTONI arrivant avec empressement.

DUMONT.

Voici toute la troupe qui arrive avec Sacripanti et Jacobo en tête.

SAINT-LÉON.

Paraissent-ils agités, en désordre?

DUMONT.

Je vous avouerai, monsieur, que je n'ai pas vu grand'chose, car lorsque je suis arrivé au haut de la tour, il y en a un qui m'a mis en joue avec un long fusil en criant : « descends de là haut, grand télégraphe, ou je t'aurai bientôt descendu, moi! » Et je ne me le suis pas fait dire deux fois.

ÉDOUARD.

Et Antoni, as-tu mieux observé ce qui se passait?

ANTONI.

Oh! messieurs, pour moi je n'ai pu rien voir du tout, parce que... Mais je les entends qui arrivent.

ÉDOUARD.

Il faut avouer que nous avions là des sentinelles bien vigilantes.

SCÈNE XII ET DERNIÈRE.

LES PRÉCÉDENTS, SACRIPANTI, JACOBO,

TOUTE LA TROUPE DE BRIGANDS.

BALDINI à Sacripanti.

Fais ranger la troupe de ce côté, et qu'on fasse silence.

BALD.   4

SACRIPANTI.

Silence dans les rangs !...

BALDINI prenant Sacripanti à part.

Eh bien ! paraissent-ils mieux disposés ?

SACRIPANTI.

Il y a bien encore quelques récalcitrants , mais laissez-moi faire, je vais leur dire deux mots et les prendre
par les sentiments... (s'adressant à la troupe.) Silence dans
les rangs !... Enfants, mon capitaine vous a fait venir
pour délibérer ensemble sur une affaire importante.
Chacun de vous pourra donner librement son suffrage,
mais si quelqu'un s'avise de ne pas être de l'avis du
capitaine , je lui brûle la cervelle.

JACOBO à part.

Quelle liberté !

ÉDOUARD.

Excellent moyen pour obtenir des suffrages una-
nimes.

BALDINI.

Pas de menaces, Sacripanti, ces hommes sont rai-
sonnables, et nous serons bientôt d'accord. (S'adressant à
la troupe.) Camarades, depuis que nous sommes ensemble pouvez-vous me reprocher d'avoir une seule fois
manqué à mes promesses ?

TOUS ENSEMBLE.

Non , non.

BALDINI.

Et moi, je puis dire aussi que jamais vous n'avez manqué aux vôtres. J'espère que vous ne commencerez pas
aujourd'hui et que vous tiendrez à vos engagements
envers ces artistes français, surtout à présent que Jacobo
vous a détrompés.

FERRATO.

Mais permettez, capitaine , de vous observer que Jacobo est un fourbe , un menteur, un homme sans foi,
et qu'on ne peut se fier à ce qu'il dit. Ainsi il nous a

promis cent mille francs pour notre part de cette expédition; après cela, il nous a dit blanc, puis il nous a
dit noir... Et voilà...

BALDINI.

En ce cas, j'entrevois un moyen de tout concilier,
et qui, je n'en doute pas, sera approuvé de vous tous.
Ecoutez bien.

SACRIPANTI.

Silence !...

BALDINI.

Moi, je n'ai pris avec vous aucun engagement au sujet de cette expédition. Nous avons tous ensemble donné
notre parole de rendre à ces messieurs la liberté sans
rançon ; Jacobo, lui seul, vous a promis cent mille
francs de cette opération; eh bien ! que chacun tienne
les promesses qu'il a faites. Ces jeunes gens seront
libres, et Jacobo vous paiera la somme qu'il vous a fait
espérer.

TOUS LES BRIGANDS.

Bravo, bravo, bravo !

JACOBO troublé.

Signor Baldini, que dites-vous là? que dites-vous?...
Mais c'est une plaisanterie, n'est-ce pas ?

BALDINI d'un ton grave.

Vous savez que je ne plaisante jamais.

SACRIPANTI.

Capitaine, qu'allons-nous faire de Jacobo?

BALDINI.

Comme je n'ai rien à prétendre sur la somme qu'il
vous a promise, cela ne me regarde pas ; ainsi faites-en
ce que vous voudrez.

SACRIPANTI.

En ce cas, Ferrato et Barbarino, conduisez cet homme
dans la tour du nord, où il restera jusqu'à ce qu'il ait
rempli ses promesses.

(Ferrato et Barbarino sortent des rangs pour s'emparer de Jacobo.)

JACOBO.

Mais vous voulez donc m'arracher la vie!...

SACRIPANTI.

Non, on n'en veut qu'à ton argent.

JACOBO.

Eh! n'est-ce pas la même sose!... (S'approchant de Baldini.) Mais, signor Baldini, songez donc combien vous m'avez d'obligations... Avez-vous oublié?...

BALDINI.

Oui... Je sais que je te dois le poste honorable que j'occupe en ce moment... (Le prenant à part.) Jacobo, désormais tout est terminé entre nous... Entendez-vous?

JACOBO voyant approcher Ferrato et Barbarino.

Ah! grâce, mes bons amis... (se tournant vers les jeunes gens.) Grâce pour moi, M. le comte de Saint-Léon, M. Charles, M. Edouard, et vous mon bon M. Dumont, demandez grâce pour moi, je vous en conjure.

DUMONT.

Moi, demander grâce pour toi... Ce serait vraiment dommage; ce qui t'arrive aujourd'hui, tu l'as bien légitimement gagné, et c'est peut-être la première fois de ta vie qu'on puisse dire de toi : il ne l'a pas volé.

(Les brigands l'emmènent.)

BALDINI.

Camarades, je vous préviens que je vais accompagner moi-même ces messieurs, afin qu'il ne leur arrive aucun accident. Jusqu'à mon retour, le lieutenant exercera toute mon autorité... Sacripanti, j'ai quelques instructions à te donner. (Il le prend à part et lui parle à voix basse.) Pendant ce temps-là Saint-Léon met en ordre les papiers laissés épars sur la table.)

DUMONT, s'adressant à Charles et à Édouard.

Messieurs, qu'entends-je?... C'est Baldini qui parle de nous accompagner?

CHARLES.

Eh bien! qu'y a-t-il là d'étonnant?

DUMONT.

Ah! messieurs, pouvez-vous vous fier à un homme qui a une pareille physionomie.

EDOUARD.

Je vous conseille, mon cher Dumont, de parler encore de physionomie, après ce qui vous est arrivé aujourd'hui.

FERRATO accourant.

Voilà un sac plein d'or que nous avons trouvé sur Jacobo. Quand je le lui ai enlevé, il a fait une grimace, mais une grimace, comme si on lui eût arraché l'âme.

BALDINI.

Je sais ce que c'est que cet argent. Il doit s'y trouver trente mille francs qui feront un à-compte sur ce que vous doit Jacobo... Rendez-vous à l'esplanade, où l'on vous fera la distribution de cette somme; le reste de la journée se passera en réjouissances. Vous danserez au son de la musique de ces messieurs qui ont consenti, comme vous en avez témoigné le désir, à se faire entendre avant leur départ.

TOUTE LA TROUPE.

Bravo! bravo!   (Ils partent.)

BALDINI.

Quand il vous plaira, messieurs, nous nous rendrons aussi à l'esplanade... Mme de Saint-Léon sera peu flattée sans doute en apprenant que son fils aura célébré sa fête dans une telle compagnie.

SAINT-LÉON.

Rien au contraire ne sera plus flatteur pour elle que d'apprendre que cette fête a été une occasion qui a contribué à ramener un cœur à la vertu.

FIN DU TROISIÈME ET DERNIER ACTE.

IMPRIMÉ PAR E. DÉZAIRS, A BLOIS.

www.ingramcontent.com/pod-product-compliance
Lightning Source LLC
LaVergne TN
LVHW022142080426
835511LV00007B/1216